AF224644

POLITIQUE RÉPUBLICAINE

SÉNAT

ÉLECTIONS

DU 5 JANVIER 1879

Prix : Dix centimes.

Par la poste : Quinze centimes.

PITHIVIERS

IMPRIMERIE NOUVELLE

1878

CONDITIONS DE LA SOUSCRIPTION

Un exemplaire. . . . . Fr.   0   10
Dix exemplaires   0   75
Cinquante exemplaires   3   50
Cent exemplaires.   6   »

Le port en sus.

Franco par la poste

Un exemplaire . . . . Fr.   0   15
Dix exemplaires   1   »
Dix exemplaires adressés à dix personnes
différentes.   1   50

S'adresser à l'Imprimerie nouvelle, à Pithiviers

Reproduction, par la voie de la presse, autorisée.

PÓLITIQUE RÉPUBLICAINE.

I

Elections sénatoriales.

Le premier renouvellement triennal du Sénat aura une grande importance. Il peut modifier profondément la majorité de ce grand corps politique. C'est assez dire que les plus graves intérêts se trouvent engagés dans les prochaines élections sénatoriales.

Si les électeurs sont animés de l'esprit démocratique, on verra régner, entre les grands pouvoirs de l'Etat, cette harmonie sans laquelle la marche régulière des affaires est de tous points impossible. Au contraire, un mauvais scrutin sénatorial entraînerait une période de vives et continuelles inquiétudes. Les hommes de la réaction jetteraient le pays dans une nouvelle crise dissolutionniste.

N'ayant pu venir à bout de nous faire une mauvaise Chambre des députés, les anciens partis coalisés essayeront de nous faire un mauvais Sénat. Et ils savent que le déplacement d'un petit nombre de voix leur livrerait l'avenir du pays.

Les délégués sénatoriaux sont donc avertis. S'ils veulent que la France se remette à respirer et à vivre, ils choisiront des sénateurs résolument républicains. C'est le seul moyen de briser l'instrument de dissolution que les monarchistes se sont fait dans la haute assemblée.

Mais pour mieux faire comprendre la portée immense qui s'attache au prochain scrutin, jetons un coup-d'œil sur les graves événements de ces trois dernières années, événements dont la responsabilité presque tout entière incombe aux conseillers municipaux et aux électeurs sénatoriaux de 1876.

II

Le Sénat et la Chambre du 20 février 1876

La France avait élu une Chambre des députés qui représentait ses idées et ses aspirations. Cette assemblée était passionnément dévouée à la République. Elle avait à cœur la bonne gestion de la fortune nationale : examinant et discutant le budget avec une attention soutenue. Elle surveillait consciencieusement l'emploi de nos richesses : découvrant, signalant partout les abus.

Pendant que les députés républicains se prêtaient à tous les sacrifices pour sauvegarder la paix intérieure, les sénateurs monarchistes ne négligeaient aucune occasion de leur faire sentir le poids de leur joug. Une loi venait-elle de la Chambre des députés ? — Elle était condamnée d'avance. Détruire des abus, donner satisfaction à des besoins justifiés, ce n'est pas là ce que veut le Sénat. Ce qu'il veut, c'est troubler, agiter, passionner l'opinion publique. Par-dessus tout, il est décidé à ne rien épargner pour arriver à un conflit.

III

Les monarchistes et le seize mai (1877)

La République se consolidait. La France devait renouveler, en 1877, les conseils généraux et les conseils municipaux, c'est-à-dire le corps électoral appelé à prendre part au renouvellement triennal du Sénat.

Dans le cas où ces élections eussent été favorables au parti républicain, elles allaient modifier la majorité de la haute assemblée et assurer définitivement le fonctionnement régulier de nos institutions.

Les partis réactionnaires ne pouvaient admettre un tel résultat. Ils ont redouté, une fois de plus, la grande voix du suffrage universel. Et ils se sont précipités sur le pouvoir. Pourquoi? — Dans le but de tenter une dernière épreuve, en pesant sur les élections départementales et les élections municipales. On veut employer toutes les forces gouvernementales au profit des influences terriennes.

Pour justifier leur conduite aux yeux du chef de l'Etat, ils lui montrent le péril social. Ils prétendent que la France va se jeter dans les bras du radicalisme. Comme si le spectre rouge — que ces hommes agitent — était autre chose qu'une image chimérique, une illusion des sens, créée pour les besoins de la situation.

Indignement trompé, le Maréchal, au 16 mai, congédie les représentants du pays, renvoie ses ministres et inaugure le pouvoir personnel : « J'ai une responsabilité envers le pays. » D'un trait de plume, M. de Mac-Nahon substitue l'opinion privée d'un homme à un régime qui représentait l'opinion du pays. On pousse la nation dans la main de fer d'un dictateur sous prétexte de la sauver.

Que Dieu garde la France des personnages à mission ! Ce ne sont pas les hommes, ce sont les institutions qui sauvent les peuples.

IV

Le Sénat et la dissolution (22 juin 1877)

Le Sénat devait être le rempart de la Constitution, et voilà qu'on lui impose la tâche de servir de bélier contre l'ordre de choses établi. Mis en demeure de prendre parti contre la Chambre la plus populaire qui ait jamais existé depuis soixante ans, il s'associe à la politique antipatriotique de M. de Broglie. Il pouvait arrêter la crise à son origine, et, par là, épargner au pays d'inutiles secousses, et au Maréchal une irréparable défaite. Mais la haute assemblée n'a pas reconnu de quelle grande responsabilité le gouvernement de combat chargeait ses épaules. Car c'est bien sa faute si une crise épouvantable a été déchaînée sur le pays, si les pertes matérielles et morales se sont accumulées, si la paix des âmes et l'harmonie des intérêts ont été irrévocablement rompues.

V

Le ministère de Broglie et la candidature officielle.

Une fois la dissolution votée, le ministère entame la lutte. Il arbore le drapeau de l'épouvante et de l'oppression. Il balaie, d'un seul coup, toute l'administration républicaine, pratiquant de vastes abattis de fonctionnaires, fatiguant la France par une orgie féroce de destitutions.

Puis il lance les préfets, les maires, les gardes champêtres contre le suffrage universel, comme après un cerf. Il fait la chasse aux journaux, ferme les cabarets, interdit les cercles, embrigade les agents des finances et surveille les employés des chemins de fer. Il réclame le concours de la magistrature, au risque de rendre la justice suspecte. Il impose aux instituteurs un dévouement illimité : moyen infaillible d'avilir ceux qui sont chargés de distribuer l'enseignement national.

Quant aux députés républicains, l'administration les fait insulter dans des placards officiels. Le cœur se soulève de dégoût en lisant, dans le *Moniteur des Communes*, que « les 363 étaient absents à la revue du 1ᵉʳ juillet, comme les incendiaires et les assassins..... » Jamais la presse immonde n'était descendue à un tel degré d'opprobre.

Par-dessus tout, l'on s'acharne à vexer les plus humbles, les petits. Contre eux on organise un odieux système de persécutions. Les désespoirs sourds de l'homme, les pleurs de la femme et des enfants, le ministre ne les devine même pas, dans l'orgueil de son omnipotence. Les voilà jetés sur le pavé. Leur existence est brisée. Qu'importe ! Le succès électoral l'exige. Ces réacteurs impitoyables se croient tout permis. Ils ont, par instinct, par nature, la haine de la démocratie. Ils ne pardonnent pas au travailleur du marteau ou de la charrue de déposer dans l'urne un vote qui pèse autant que le leur.

Tous les citoyens qui ne consentent pas à s'enrôler au service de l'ordre moral sont menacés dans leur personne, dans leur fortune, dans leur honneur. Contre eux ne dispose-t-on pas de l'action publique des parquets ?

Mais c'est surtout dans nos campagnes que l'influence occulte de l'administration a voulu s'imposer de haute main. Disons toutefois, à l'honneur des populations rurales, qu'on a vainement essayé de les effrayer. On a eu beau leur répéter que le radicalisme s'apprêtait à liquider la propriété, à supprimer la famille et à extirper la religion, elles ont fermé l'oreille à toutes ces extravagances déclamatoires.

En un mot, pour dompter le pays, le ministère de Broglie emploie les moyens électoraux à haute pression. Il n'oublie rien de tout ce qui peut comprimer l'opinion publique ou la fausser. La France se voit ainsi rejetée, tout à coup, dans un état profondément révolutionnaire : la vie publique est supprimée ; le travail, suspendu ; les situations, incertaines ; — tout cela... pour donner à des aventuriers, à des vanités aigries une satisfaction momentanée.

VI

Le commerce et le 16 mai 1877.

L'ordre le plus parfait régnait dans le pays. Jamais la nation n'avait été plus paisible, plus sage. Malgré les impôts écrasants —dus aux prodigalités, aux folies de l'empire— chacun épargnait et travaillait à reconstituer son existence. Mais on avait compté sans la grande politique des gens qui veulent sauver la France malgré elle. Après avoir ébranlé la paix morale, leur apparition sur la scène se révèle par des perturbations matérielles dans toutes les classes de la France laborieuse. « Une année de perdue pour la France », a dit, au banquet de Laon, M. Waddington. En effet, cette équipée a coûté au pays cinq mois d'angoisses, quinze cents millions et l'animadversion de l'Europe.

Aussi sera-ce un éternel sujet d'incrimination — à la charge des monarchistes — d'avoir rejeté dans les perplexités ruineuses de l'inquiétude une grande nation qui ne songeait qu'à se relever, par le travail, des catastrophes où l'avait jetée l'empire.

VII

La politique étrangère et les hommes du 16 mai.

La France s'était relevée des épouvantables calamités de la guerre de 1870 avec une rapidité sans exemple

dans l'histoire moderne. Les richesses de son sol, l'industrie et la frugalité de ses habitants, l'ardent patriotisme
de ses populations et leurs brillantes aptitudes intellectuelles l'avaient replacée au premier rang. Mais voilà
qu'au 16 mai les monarchistes la jettent hors du cadre
de la diplomatie. Au moment où la crise européenne en-
trait dans sa phase aiguë, ils n'hésitent pas à la condam-
ner à un effacement provisoire ; car, pour qu'un cabinet
ait du crédit et du prestige à l'étranger, il faut qu'il ait
l'appui de la nation qu'il représente.

On a souvent répété que la France n'aura d'alliances
qu'au moyen d'une restauration monarchique. C'est là
une erreur. La France recouvrera son prestige lorsqu'elle
sera forte. Et elle deviendra forte le jour où ses discordes
civiles auront cessé de la diviser, c'est-à-dire lorsqne les
électeurs auront impitoyablement éliminé de la vie politique les ambitieux qui placent la satisfaction de leurs ap-
pétits au-dessus de l'intérêt de la patrie. Alors, mais
alors seulement, elle reprendra son rôle dans le règle-
mentdes affaires de l'Europe et du monde.

VIII

Le peuple souverain et le scrutin du 14 octobre 1877.

On a dît que le peuple français n'a ni opinion, ni volonté. C'est le contraire qui est vrai.

On va le voir par les exemples qui suivent :

1° Au 16 mai le maréchal de Mac-Mahon se pose devant la France comme ayant une mission de salut public à remplir. Comment va-t-elle lui répondre ? — Les électeurs français repoussent le pouvoir personnel ; ils se lèvent au 14 octobre pour dire : l'Etat, c'est nous. Ils savent ce que la nation a perdu à se laisser conduire au caprice d'un homme : un seul jour d'abandon lui a coûté dix milliards et deux provinces.

2° Dominé par une coterie réactionnaire, le Sénat autorise la dissolution de la Chambre des députés. Il condamne le pays à cinq mois d'agitation, d'inquiétude, de fièvre, d'interruption des affaires. Il espérait sans doute qu'on réussirait à fausser l'opinion, grâce à la candidature officielle.

Mais le pays ne se déjugera pas. Il renomme la Chambre que le Sénat a osé défaire. On a voulu lui faire casser sa représentation. Il la consolide et la fortifie : rejetant sur les monarchistes de la haute assemblée la responsabilité d'une crise qui, pendant de longs mois, a tenu en suspens la vie d'une grande nation.

3° Le ministère de Broglie met tout en œuvre pour entraîner la France, pour la séduire ou la violenter et, finalement, la réduire. La nation dédaigne les provocations et méprise les menaces. Elle laisse se démener et s'exaspérer dans le vide ses maîtres d'un jour. Elle leur impose les plus humiliantes défaites ; elle leur apprend qu'on n'arrête pas les courants de l'opinion publique en fermant des cafés et des cercles et en traquant des colporteurs.

4° A la pression gouvernementale viennent se joindre

les manœuvres des partis monarchiques. Ces partis se coalisent pour faire échec à la volonté nationale. Ils se groupent et se disciplinent. Toutes les dispositions sont prises ; tout est calculé pour que la République soit supprimée jusque dans son germe.

En présence de toutes ces intrigues, le peuple n'hésite pas un instant. Il se montre parfaitement résolu à se défendre contre l'accaparement de la France, qui ne tarderait pas à se consumer dans la stérilité, si elle était plus longtemps abandonnée à ces castes impuissantes. Du reste, il les a déjà vues à l'œuvre, et il ne leur pardonnera jamais d'avoir joué sa vie, son honneur, ses destinées, à ce jeu terrible des révolutions.

Et, après avoir donné de tels exemples de fermeté, la France passerait pour un peuple sans opinion, sans volonté ! Mais elle s'est montrée admirable par sa persistance dans ses sentiments républicains. Aucun autre peuple de l'Europe ne serait capable de tenir tête à tant de forces réunies et conjurées pour le contraindre à se soumettre au joug.

IX

Le Sénat et la chute du cabinet de Broglie.

Après le scrutin du 14 octobre 1877, le ministère de Broglie n'avait qu'une conduite à tenir : s'incliner devant la volonté du pays et se retirer immédiatement.

Mais il a entendu les conseils du désespoir que lui

donne la réaction aux abois. Condamné aux élections générales, le parti du 16 mai veut prendre sa revanche dans les élections départementales. Voilà pourquoi M. de Broglie reste au pouvoir. Il s'obstine à faire un dernier effort pour conserver un Sénat de combat, pour préparer, en vue de l'avenir, une majorité de conflit dans la haute assemblée.

Battu également aux élections départementales, il se voit condamné à disparaître. Mais, en mourant, il tient à léguer un conflit aux deux Chambres, et à la France, une étincelle de guerre civile. Le Sénat arrive fort à propos pour lui en fournir l'occasion.

La Chambre des députés, à l'occasion de la vérification des pouvoirs de ses membres, ordonne une enquête électorale. Bien qu'elle soit parfaitement dans son droit, le ministère de Broglie s'oppose formellement à cette mesure, ne voulant pas que l'on contrôle ses agissements coupables.

Le Sénat a-t-il un motif quelconque d'intervenir dans cette querelle? Non, évidemment. Et voilà pourtant qu'il se range du côté du ministère ; il couvre sa politique d'une sorte d'approbation ; il lui accorde un bill d'indemnité ou d'indulgence.

Mais en jugeant et en blâmant le vote — par lequel la Chambre ordonne une enquête — le Sénat empiète sur les droits de cette assemblée. Il lui déclare la guerre. Il est l'agresseur. Il a, par conséquent, la responsabilité du conflit.

Et pourtant, n'était-ce pas assez d'avoir voté la dissolution et d'avoir causé à la France tant de désastres ? Au moment où le suffrage universel croyait avoir fermé la crise, la voilà rouverte par l'imprudence du Sénat.

X

Le ministère Rochebouet et l'armée.

En provoquant le conflit entre les deux Chambres, à propos de l'interpellation Kerdrel, le Sénat contribue puissamment à affermir le Maréchal dans ses illusions. En effet, le chef de l'Etat voit, dans cette manifestation de la haute assemblée, un encouragement à persévérer dans la politique du 16 mai.

Voilà pourquoi il refuse d'accepter un ministère parlementaire. Aussi la démission de M. de Broglie n'est-elle qu'une fausse sortie. Car il est évident que cet homme d'Etat et ses collègues ne sont abandonnés que pour être remplacés par des ministres de paille — qui seront leur doublure et qui continueront leur œuvre.

Le cabinet du 23 novembre 1877, présidé par le général de Rochebouët, n'est donc qu'un semblant de cabinet. Il est chargé d'une double mission : obtenir le budget et préparer la procédure d'une seconde dissolution.

En face d'un cabinet de minorité qui ose usurper et exercer le pouvoir, — la Chambre des députés n'hésite pas un seul instant. Après une interpellation, dans laquelle M. de Marcère exécute le cabinet et déchire tous les voiles, l'Assemblée accomplit un acte de virilité en déclarant deux choses :

1° Qu'il est de son devoir le plus sacré de ne pas se mettre en relations avec M. de Rochebouët et ses collègues ;

2° Qu'elle refusera le vote du budget jusqu'à ce qu'elle ait devant elle un ministère ayant sa confiance, déterminée qu'elle est à ne pas donner les milliards du pays à un gouvernement qui en ferait usage ponr combattre le pays lui-même.

Le refus du budget a sauvé la France de la guerre civile. Cet acte énergique a déconcerté les ministres qui n'ont pas osé demander au Sénat de dissoudre l'assemblée nationale.

En présence d'une Chambre — parfaitement résolue à s'appuyer sur la Constitution pour résister à une seconde tentative dissolutionniste et, au besoin, pour faire appel à la nation — les monarchistes ont essayé de déterminer le Maréchal à invoquer la force militaire contre le suffrage universel. Sans se soucier ni de son honneur, ni de son avenir, ces aventuriers ont tenté de faire de l'armée un instrument de coup d'Etat — pour secouer le joug des lois, pour régner par l'épouvante et la terreur, pour dompter les citoyens français et les réduire en servitude. Pendant cinq jours — du 8 au 13 décembre 1877, — la France a été sous le coup d'un attentat. Dans certains grands commandements, on a combiné des mouvements pour l'heure où le Maréchal — renonçant enfin à ses hésitations — aurait pris son parti de la guerre civile.

Malgré les provocations des partis, l'armée est demeurée calme et digne. Elle ne se croit pas faite pour troubler la société. Et — s'il plaît à cette société de se constituer en République, — elle n'a rien à y voir. Elle obéira à la loi, et elle aura bien raison. Car, pour sauver les peuples, il n'y a rien de meilleur que le respect scrupuleux de la loi. Or, la première des lois, c'est la Constitution, c'est-à-dire la République.

XI

Fin de la crise.

Depuis les intrigues fusionnistes du mois d'octobre 1873, jamais la France n'avait été menacée par un aussi grand malheur. Son honneur, sa liberté, sa fortune, sa puissance militaire, tous ses intérêts pouvaient être irrévocablemeut compromis. Et tout cela dépendait — comme en 1873 — des résolutions d'un homme.

En obéissant à la volonté de la nation, le président de la République a éloigné de nous cette menaçante catastrophe. Acculé par les fautes mêmes des groupes réactionnaires à la nécessité de courber la tête ou de se jeter dans le crime, M. de Mac-Mahon a compris que son honneur, aussi bien que son intérêt, lui défendait d'accepter le rôle d'un magistrat en rébellion contre les décisions du pays. Il a compris qu'en déclarant nul et non avenu le vote du 14 octobre 1877 il déchaînait la guerre civile sur la France.

Cette détermination — que les incorrigibles de la réaction ont seuls blâmée — n'est nullement humiliante pour le caractère du Maréchal, — au contraire. Quand on cède à la France, quand on se rend entre les mains du pays, tout le profit est pour la France et tout l'honneur pour celui qui sait céder.

XII

La Chambre des députés et le ministère Dufaure.

Après le 16 mai, nous avons assisté à une série de mesures, toutes prises contre l'opinion publique. Eh bien, nous voulons que ce système de compression ne puisse pas se reproduire. La France veut des garanties, elle les exige... elle les obtiendra.

Et tout d'abord, il est impossible d'admettre qu'une république gouvernée par ses pires ennemis soit un régime acceptable. C'est pour cela que la conscience publique exige la destitution des agents du 16 mai. Elle veut que tous les auxiliaires du ministère de Broglie soient frappés et impitoyablement révoqués. Telle est la tâche qui s'impose au ministère Dufaure.

Quant à la majorité républicaine de la Chambre des députés, elle doit à la paix publique de prendre des précautions contre le retour d'une situation qui mettrait en péril la liberté et la prospérité de la France.

C'est pour obtenir c résultat que, dès sa réunion, elle se dispose à vo trois projets de loi qui arracheront à la réaction l'arme de l'état de siége, délivreront la presse de l'arbitraire administratif et condamneront les pratiques les plus détestables du coup d'Etat, celles que la magistrature a autorisées, légalisées.

On pouvait s'attendre — après ce qui s'est passé — à ce que la majorité du Sénat déposerait les armes et conformerait sa conduite aux prescriptions du patriotisme. Il n'en est rien. Et voilà qu'à propos de ces trois lois elle s'obstine à prendre devant l'opinion publique la responsabilité d'une guerre, d'une campagne de conflits contre la Chambre des députés, contre la nation. En effet, les trois commissions sénatoriales, chargées d'examiner les trois projets de lois votés par la Chambre des députés appartiennent, en majorité, à la droite du Sénat. Evidemment les monarchistes de la haute assemblée cherchent à provoquer une nouvelle crise. Mais pour faire mieux comprendre le caractère de leur opposition quelques réflexions sont nécessaires.

1° *Loi sur le colportage*. — Au mépris de la loi du 29 décembre 1873, les préfets du 16 mai ont interdit aux colporteurs la vente de certains journaux déterminés. Les républicains de la Chambre veulent que l'on oppose un obstacle aux excès des agents administratifs contre la presse. Les monarchistes du Sénat sont d'un avis contraire. Sans doute ils se sont dit : « ne touchons pas à la loi sur le colportage, afin que, s'il nous est donné un jour d'arriver au pouvoir, nous puissions nous en servir comme d'une arme électorale pour soutenir nos candidats et nous imposer à la nation. »

2° *Loi sur l'état de siége.* — Les républicains de la Chambre demandent que le gouvernemeut cesse d'être armé d'une loi martiale contre la nation et que, par suite, l'état de siége ne puisse pas être imposé par un simple décret de l'exécutif. Par contre, les monarchistes du Sénat tiennent à conserver l'état de siége comme une institution normale. Pourquoi? — Parce qu'en cas de dissolution de la représentation nationale ils pourraient s'en servir comme d'un moyen pour se mettre au-dessus des lois, comme d'un instrument pour s'emparer de la France, pour réduire leurs adversaires au silence, pour terroriser le suffrage universel.

3° *Loi sur l'amnistie.* — Pendant la période qui a suivi le 16 mai, le pays a assisté à de grands scandales. Le ministère de Broglie a eu l'intention de faire de la justice un instrument de lutte politique. On a vu des magistrats — dont la mission est d'imposer la paix — se faire les champions des partis violents. Et n'est-ce point quelque chose de révoltant que ce chiffre de 3,250 procès, intentés aux candidats indépendants, à leurs agents, à leurs amis, à leurs journaux, à tous les citoyens dont on jugeait la condamnation ou l'arrestation utile.

Les députés républicains de la Chambre, en votant le projet de loi en question, ont voulu répudier le souvenir de ces souffrances publiques, de ces abus de pouvoir ; ils ont voulu qu'on effaçât les délits de presse de cette fâcheuse époque et que l'on restituât les amendes à tous les condamnés injustement frappés. Mais les monarchistes du Sénat ne partagent pas leur manière de voir. Pourquoi ? — Parce que, dans un cas analogue à celui du 16 mai, ils désireraient que la magistrature soutînt leurs prétentions, pour violenter, pour persécuter, pour outrager la liberté électorale.

4° *Loi sur les crédits supplémentaires.* — L'opposition qui a été faite aux trois lois dont nous venons de parler n'a pas été ménagée au projet relatif aux crédits supplémentaires, et les monarchistes ont osé demander qu'au cas où une nouvelle crise leur livrerait le pouvoir, il leur fût permis — sans vote préalable du Parlement — de percevoir des impôts et de s'ouvrir des crédits, de façon à exercer, pendant de longs mois, une dictature sans contrôle, et à n'être gênés par aucun obstacle dans leur entreprise de falsification électorale.

Comme on le voit, les monarchistes, — ces mécontents, ces téméraires — ne craignent pas de se présenter comme les champions de la dictature, de la violence et de l'état de siége. Et ils eussent réussi dans leur sinistre projet sans la manifestation des constitutionnels de la haute chambre. Grâce à l'appoint fourni par la scission produite dans ce groupe, la majorité, dans le Sénat, a été déplacée au profit de la gauche républicaine. Cette assemblée a ainsi fini par accepter le principe des lois mentionnées plus haut, tout en y introduisant quelques modifications de détail.

5° *Vérification des pouvoirs.* — Après avoir pris des garanties en vue de l'avenir, la Chambre des députés a un autre devoir, non moins important : celui de s'occuper de la liquidation du passé.

Il importe en effet que la lumière se porte sur les méfaits de la candidature officielle ; il importe que les brutalités qu'a subies le suffrage universel soient punies ; il importe surtout que les élections entachées de fraudes et de manœuvres coupables ne puissent pas bénéficier d'un succès illicite.

On a amèrement reproché à la Chambre d'avoir invalidé un trop grand nombre de députés. Mais pouvait-elle donc laisser aux sophistiqueurs du suffrage universel le paisible bénéfice de leurs coupables manœuvres? Lui était-il loisible d'admettre dans la représentation nationale les produits d'une élection frelatée ? Et ne fallait-il pas chasser des siéges usurpés les détenteurs illégitimes?

Tout en continuant cette enquête électorale, la Chambre n'a pas laissé pour cela chômer les véritables questions : les questions d'affaires. Donner aux forces naturelles, sociales, politiques du pays toute leur énergie ; faire converger toutes les activités vers ce but suprême : la grandeur de la France, telle a été l'unique préoccupation des représentants de la nation.

XIII

Responsabilité redoutable.

Nous venons de jeter un rapide coup-d'œil sur les principaux événements qui se sont produits en France pendant ces trois dernières années ; nous avons particulièrement attiré l'attention sur la conduite politique et les agissements de la majorité monarchique du Sénat ; nous avons clairement prouvé que l'ambition criminelle de cette majorité et son opposition constante à la volonté de la nation ont amené des discussions irritantes, des tiraillements pénibles, des luttes intestines et, par-dessus tout, cette crise douloureuse du 16 mai, crise qui a causé une perte matérielle d'un milliard et demi, suspendu pendant cinq mois l'existence de la nation, diminué notre considération au dehors et mis la France à un doigt de la guerre civile.

Et cette situation épouvantable, nous direz-vous, qui est-ce qui en est responsable ? qui est-ce qui l'a créée ?

— L'imprudence et la faiblesse des conseils municipaux et des électeurs sénatoriaux choisis par eux pour prendre part au scrutin de janvier 1876. La majorité qu'ils ont créée a subi la direction des plus implacables ennemis du régime actuel. Elle s'est associée, avec frénésie, à toutes les entreprises des factions monarchiques.

Et tout d'abord, la France avait remis ses plus chers intérêts aux conseillers municipaux. Elle leur avait confié la mission de réaliser le nouveau régime républicain dans son rouage essentiel : le Sénat. Eh bien, comment ont-ils rempli leur tâche ? Ont-ils eu soin de choisir des hommes francs, loyaux, éclairés, capables de remplir leur mandat avec ponctualité, avec fidélité, avec intelligence ?

— Non. Dans le choix des candidats, ils ont accordé trop de place aux préoccupations locales. Ils ont surtout négligé d'écarter les considérations purement personnelles.

Les uns et les autres sont tombés dans les piéges que leur tendaient les partis réactionnaires.

Quant aux électeurs sénatoriaux eux-mêmes, ont-ils eu recours à de loyales explications dans le but d'amener le suffrage restreint à faire des choix motivés, consciencieux ? Ont-ils fait des efforts pour s'éclairer, afin que le scrutin fût autre chose qu'une partie de Colin-Maillard ? Ont-ils eu soin, par le choix d'hommes vraiment dévoués à la République, de sauvegarder les grands intérêts du pays ? — Non ; au contraire, ils ont laissé leur vote s'égarer sur les candidats équivoques, sur ces hommes à double face qui rusent avec les suffrages de leurs concitoyens. Ils ont malheureusement placé leur confiance dans les intrigants — ces loups revêtus de l'habit de berger, ces conspirateurs déguisés en conservateurs, ces politiciens sans principes, que M. de Rémusat appelait déjà, il y a plus de soixante ans « les honnêtes gens mauvais citoyens ». Ils sont donc la cause principale de cet antagonisme qui, dans ces trois dernières années, a existé entre le suffrage universel d'où sort la Chambre des députés, et le suffrage restreint, lequel donne naissance au Sénat, — antagonisme qui nous a mis à un cheveu de la guerre civile.

La faute qui a été commise en 1876 va-t-elle se renouveler en 1879 ?

XIV

Importance des élections sénatoriales du 5 janvier 1879.

Avant tout, l'on ne doit pas se faire illusion. Les monarchistes n'abdiqueront définitivement qu'après avoir fait des efforts inouïs pour perpétuer leur domination.

Et il ne faut pas oublier qu'ils disposent de nombreux et puissants moyens d'influence. Un certain nombre de délégués sénatoriaux se trouvent sous leur dépendance plus ou moins directe.

Rendons-nous donc bien compte de la situation qui nous est faite. Les partis réactionnaires ne cherchent qu'un prétexte pour rouvrir la crise. Ils savent que si la France se remet à travailler, à vivre en paix, ils sont perdus. La prospérité publique, c'est leur mort. Ils ont créé la Constitution pour la guerre et non pour la paix. Le conflit à perpétuité, voilà l'objet de tous leurs vœux. Ils n'ont pas abdiqué leurs prétentions, ils n'ont pas renoncé à troubler, par leurs fastidieuses intrigues, ce pays, qui les repousse et qui les a condamnés tant de fois dans ses scrutins. Aucune expérience, aucune leçon ne décourage ces fanatiques. Rien ne peut vaincre la tenacité des haines et des rancunes de cette coalition ennemie de la République, que l'on désespère de désarmer.

Une chose est évidente : si les électeurs sénatoriaux élisaient une majorité monarchique, ils créeraient un pouvoir rival de la Chambre des députés. Par cela même ils institueraient le désordre, l'anarchie, le conflit perpétuel. Immanquablement la haute assemblée recommencerait à faire obstacle au fonctionnement régulier de nos institutions. Elle réorganiserait cette résistance dont les menaces ont si souvent troublé la paix publique. Refusant de s'associer à l'œuvre républicaine et nationale, ce grand corps politique se réfugierait, pour une période de trois années, dans son isolement aristocratique. Il va sans dire que cette majorité anarchique nous jetterait bientôt dans une nouvelle crise dissolutionniste. Et, dans ce cas, que deviendrait notre malheureux pays ? La France serait de nouveau livrée aux incertitudes et aux anxiétés. Les deux années qui nous séparent de l'élection présidentielle se passeraient dans des tiraillements sans fin et dans des luttes sans issue. Et qui est-ce qui peut assuser qu'elles ne seraient pas suivies des plus effroyables cataclysmes qui aient jamais bouleversé une nation. Car, dans de pareilles conjonctures, l'échéance de 1880 ne risquerait-elle pas de devenir le signal d'un égorgement général des partis entre eux ?

Ce triomphe des monarchistes aurait donc les plus déplorables conséquences pour la prospérité et la grandeur de notre pays. C'est, en effet, la division des classes dirigeantes qui énerve et paralyse notre existence nationale. Elle est la cause de toutes ces crises qui ont sévi parmi nous dans ces derniers temps. Aussi est-il vrai de dire que si la France doit périr, c'est par l'inintelligence, par l'incapacité de ces détestables coteries. Elle souffre surtout de l'instabilité à laquelle la condamnent les convoitises criminelles d'une poignée d'ambitieux. Oui! des Français épuisent la France comme à plaisir. Et notez que la réaction tient à pousser tout aux extrêmes. Les anciens partis en sont tous venus à chercher ce qu'ils appellent le bien dans l'excès du mal. C'est pourquoi ils torturent la France sans pitié ni merci. On frémit à la pensée de l'exécration qu'ils encourent.

Vous nous objecterez peut-être que, même dans l'hypothèse — inadmissible selon nous — d'un succès électoral au bénéfice de la réaction, nos institutions ne courraient aucun danger ; que, dans une crise suprême, elles trouveraient un puissant appui dans le caractère profondément républicain de la Chambre des députés. Mais celle-ci peut disparaître, Et, en cas de dissolution, qui est-ce qui vous assure que le scrutin nous serait aussi favorable qu'il l'a été au 14 octobre 1877 ? Le malaise de l'industrie, la stagnation du commerce, une mauvaise récolte, un événement quelconque ne viendrait-il pas jeter le pays dans le désarroi ? Une guerre étrangère ne pourrait-elle pas surgir et compliquer la crise intérieure ? Quant au pays, ne serait-il pas pris de lassitude en voyant l'inutilité de ses votes ? Ne tomberait-il pas dans les piéges qui lui seraient tendus ? Comme en 1871, ne se laisserait-il pas intimider et ne réussirait-on pas à lui arracher un vote de complaisance, ou plutôt de complicité ? De telle sorte que nous pourrions arriver à l'échéance de 1880 avec deux Chambres en majorité monarchique, et cela en face d'une nation profondément républicaine. Ce qui pourrait sortir d'une pareille situation, on le sait : l'anéantissement de notre malheureuse patrie.

Au contraire, si le Sénat est, en majorité, dévoué à la République, la Chambre actuelle ne sera pas dissoute. Elle atteindra le terme de son mandat.

Le point important pour nous consiste donc à obtenir une majorité républicaine à l'occasion du prochain renouvellement triennal.

Il importe de profiter de ces élections pour briser les hommes des basses œuvres réactionnaires.

Il faut que le Sénat soit mis dans l'impossibilité de lancer de nouveaux coups contre la tranquillité du pays et la marche régulière des services publics. Il faut que les monarchistes cessent d'y trouver un point d'appui pour recommencer à courir les aventures, pour suspendre une seconde fois la vie nationale, arrêter la réorganisation militaire, entraver l'amélioration de l'éducation nationale, remettre en question tous les grands travaux d'utilité publique et opposer une barrière aux réformes que la France laborieuse attend de l'intelligence et de la bonne volonté de ses mandataires.

Ne l'oublions pas : le Sénat a un rôle décisif dans le jeu de nos institutions. Mais, s'il est l'arbitre de la situation, il est néanmoins placé sous la dépendance de la nation.

Cela est si vrai que cette haute assemblée peut être profondément modifiée par le scrutin qui va avoir lieu. Il appartient en effet aux délégués sénatoriaux de la pétrir comme il leur plaira, en ce sens, du moins, qu'il est en leur pouvoir de déplacer la majorité, qui lui communiquera l'impulsion et déterminera ses votes pendant une période de trois années.

Par conséquent les électeurs sénatoriaux vont avoir dans la main le sort de la patrie. Ils vont décider souverainement de nos destinées. S'ils nomment des sénateurs républicains, tout est sauvé. Voter pour des républicains, c'est assurer la marche régulière des pouvoirs publics, garantir la sécurité intérieure et rendre certaine la paix au dehors. Au contraire, voter pour des monarchistes, c'est confier le gouvernement de la République à des hommes qui ne sont d'accord que pour la détruire, c'est fortifier des partis qui, après l'avoir renversée, n'auraient rien à mettre à sa place, et finiraient par s'exterminer sur ses ruines.

Ce qui rend certain le résultat des élections sénatoriales, c'est l'extension, de jour en jour plus considérable, que prend parmi nous l'idée démocratique.

La République, si violemment attaquée, est aujourd'hui assise sur la large base de l'opinion publique. Après les élections du 14 octobre, après les élections des conseils généraux, après cette impulsion presque unanime, qui a entraîné le pays aux élections municipales, je vous le demande, qui donc oserait résister à la France ? Pour le scrutin sénatorial, la France persistera dans ses votes républicains. Le suffrage restreint continuera et achèvera l'œuvre du suffrage universel. Les partis monarchiques ne seront plus un obstacle au relèvement de la patrie. Ils seront écrasés, réduits à l'impuissance, impitoyablement éliminés, et cela pour toujours.

XV

Conclusion.

L'histoire nous apprend que jusqu'à présent toutes les républiques sont allées se perdre dans le despotisme. Or, comme depuis quatre-vingts ans le despotisme s'est manifesté parmi nous sous la forme du pouvoir personnel d'une individualité, êtes-vous déterminés à repousser ce régime néfaste qui a déjà tant causé de maux à la France? Ne voulez-vous plus qu'une main n'ait qu'à s'ouvrir pour déchaîner les luttes, les tempêtes, les conflits, les ruines?

Désirez-vous que le Sénat ne soit plus une cause de désordre, d'anarchie et de conflit perpétuel?

Voulez-vous que, par une administration simplifiée et mieux coordonnée, on réalise des économies en élaguant les parasites qui absorbent le plus clair de nos ressources?

Souhaitez-vous que les citoyens soient vraiment libres et que, par suite, ils soient affranchis de ce joug que leur impose la centralisation administrative et qui tarit en eux les vertus viriles?

Voulez-vous que la justice soit administrée par des hommes dévoués à la République?

Voulez-vous que les finances ne s'entourent plus de la nuit et du mystère, et que le pays cesse à tout jamais d'être un objet d'exploitation pour l'usure et l'improbité?

Pensez-vous qu'il soit urgent de porter l'attention sur

le monde ouvrier, sur ce monde de travailleurs, qui fait la richesse et la puissance de la nation ?

Voulez-vous que l'agriculture soit pourvue de ces trois choses, sans lesquelles elle ne saurait prospérer : les bras, les capitaux et l'instruction ?

Enfin, voulez-vous que les anciens partis, qui depuis trop longtemps nous énervent et nous tyrannisent, n'entendant laisser aucun répit à la nation, soient placés dans la rigoureuse alternative, soit de se soumettre aux institutions que la majorité s'est données, soit de s'éclipser, c'est-à-dire de n'avoir plus de rôle à jouer dans notre pays ?

Eh bien, alors, votez pour des candidats républicains.

Au contraire, voulez-vous que nous soyons de nouveau exposés à être gouvernés par des conspirateurs et à assister au scandaleux spectacle d'une politique de sérail transplantée en plein suffrage universel ?

Dans ce cas, donnez vos suffrages à des candidats hostiles à la République et, en première ligne, accordez la préférence à ceux qui s'emparent du titre de « constitutionnels ». En effet, ces monarchistes honteux ne viennent-ils pas, à l'occasion de l'élection de trois sénateurs inamovibles, de s'allier aux bonapartistes et de voter pour trois ennemis de la Constitution ?

Après une pareille trahison la situation est nette. Il n'y a plus de salut possible pour les constitutionnels. Ils sont morts dans l'impénitence finale.

Une dernière observation. En adressant aux électeurs sénatoriaux cet appel patriotique, je ne suis nullement ému par la crainte de voir échouer nos candidats. Nous sommes absolument sûrs de la victoire. Mais néanmoins il est important de ne pas perdre de vue cette considération : plus la majorité républicaine sera écrasante, plus tôt nous arriverons à éliminer les partis qui nous divisent et nous affaiblissent, plus tôt nous obtiendrons à l'intérieur cette sécurité sans laquelle il n'est pas de prospérité durable, plus tôt enfin nous assisterons à la reconstitution de notre puissance fédérative. Dans un temps qui n'est pas éloigné, la France peut être appelée à jouer un rôle considérable dans le monde. Mettons donc un terme à nos divisions intestines, réunissons en faisceau toutes les forces vives, toutes les énergies intellectuelles et morales de la nation.

Quand on nous saura forts, nous trouverons des alliés et, à l'occasion, nous deviendrons un puissant centre d'action autour duquel se grouperont les nations qui, comme nous, ont inscrit sur leur drapeau ces deux mots sauveurs :

Paix et Liberté !